NOTE
SUR
LES ASSOCIATIONS PASTORALES
DANS LES PYRÉNÉES

NOTE
SUR
LES ASSOCIATIONS PASTORALES
DANS LES PYRÉNÉES

PAR

A. CALVET
Sous-inspecteur des forêts à Pau

EXTRAIT DE LA REVUE DES EAUX ET FORÊTS, Nos DE JUILLET ET D'AOUT 1874

PARIS
TYPOGRAPHIE A. HENNUYER
RUE D'ARCET, 7

1874

NOTE
SUR
LES ASSOCIATIONS PASTORALES
DANS LES PYRÉNÉES

I. CONDITIONS PHYSIQUES DE LA CHAINE.

De la ligne de faîte des Pyrénées, orientée est-ouest, se détachent normalement à droite et à gauche des *chaînons primaires*, s'abaissant vers les plaines de France et d'Espagne et comprenant des vallées profondes. Chaque chaînon primaire est sillonné, suivant les lignes de plus grande pente, de *gorges secondaires*, qui débouchent dans les vallées *principales* ou *primaires* : on dirait d'une feuille de fougère.

Un observateur remontant le cours d'un torrent dans une vallée *principale*, sur le versant français, va du nord au sud, et voit s'étager devant lui, à des altitudes graduellement croissantes, les pentes nord des chaînons secondaires.

Au retour vers la plaine, ce sont les faces Sud des mêmes chaînons qu'il apercevra successivement. Dans ce double trajet, il constatera pour toutes les hautes vallées une loi générale dans la distribution de la végétation forestière ; les pentes sud sont déboisées, les pentes nord sont couvertes de forêts. L'explication de ce fait ressortira aisément de l'examen du régime pastoral actuel.

Les hautes vallées communiquent très-peu entre elles. Les crêtes des chaînons soit primaires, soit secondaires, ne présentent pas de dépressions profondes ; à l'inverse des *cols* des Alpes, les ports des Pyrénées, dont la ligne de faîte a une altitude moyenne de 2450 mètres, ne sont accessibles que durant les mois d'été ; à ce moment, les montagnards sont retenus dans les fonds par la culture de leurs champs ; quand l'hiver leur crée des loisirs, les neiges couvrent les ports. La nature a donc fait de chaque vallée un petit monde à part, ne recevant que par la voie

---

(1) Ces notes, rédigées en juin 1870, esquissent des vues théoriques dont l'application est, depuis 1867, poursuivie par les forestiers des Pyrénées ; elles sont publiées dans leur teneur primitive. L'exposé des résultats pratiques, réalisés dans le sens des progrès simultanés de l'économie pastorale et forestière de la région, fera l'objet d'un appendice. Les faces industrielle et culturale de la question ont été traitées en deux brochures successives : 1° *Note sur le rôle économique des associations pastorales dans les Pyrénées*. Tarbes, 1872 ; 2° *Observations sommaires sur le progrès rural ; leur application à la région des Pyrénées*. Pau, 1873.

de la plaine des nouvelles de ses voisines. D'autre part, comme les vallées n'exportent à peu près rien, que leurs intérêts économiques sont distincts de la région des plaines, leur isolement est presque complet. Cette situation explique l'état arriéré de l'industrie pastorale dans les Pyrénées.

Les montagnards sont pasteurs dans l'acception la plus élémentaire du mot. Chaque ménage se nourrit du lait de ses vaches ; le lait de brebis, bien moins abondant, est transformé d'ordinaire en mauvais fromage ; à cet élément essentiel, le Pyrénéen ajoute de la bouillie de farine de sarrasin ou de maïs, parfois du pain de seigle, plus rarement encore de froment, enfin un peu de porc salé. Tel est le régime ordinaire de l'habitant des hautes vallées. Éloigné de tout centre de consommation, étranger à toute notion de solidarité avec ses voisins, il végète, ne songeant pas à transformer en argent ses produits, à faire en un mot de *l'industrie pastorale*.

Sa nourriture assurée, le pasteur trouve le mince pécule nécessaire aux divers besoins de sa famille dans la vente de la laine, des agneaux et des veaux, et dans ses travaux de bûcheron.

En résumé, les Pyrénéens négligent absolument, comme produit industriel, le lait de vache, élément essentiel de la prospérité de la Suisse et du Jura : quant au lait de brebis, sa faible production relative n'en fait, à ce point de vue, qu'une valeur accessoire.

Si l'on ajoute que le bétail à cornes, employé à la culture de champs étroits défrichés dans les vallées, mal soigné, mal nourri, n'a qu'une faible valeur ; que le paysan tente d'y suppléer en en multipliant le nombre ; que les hautes pâtures communales sont envahies par une quantité exagérée d'animaux et se dégradent de plus en plus ; que la plupart des pentes sud, déboisées, ravinées, sont impropres à créer spontanément une végétation gazonnante ; que le montagnard est contraint de recourir au pâturage en forêt pour empêcher son troupeau de mourir de faim, que l'enchaînement de cette série d'erreurs économiques amène un courant croissant d'émigration ; l'on aura donné une idée de la situation des hautes vallées des Pyrénées (1).

II. EFFETS DES ASSOCIATIONS PASTORALES.

Dans la fâcheuse situation qui vient d'être exposée, l'action de l'homme a une part bien plus grande que l'influence des conditions naturelles. Aussi comprend-on qu'une organisation particulière de la production puisse apporter un remède assez rapide à des souffrances dues à une exploitation inintelligente des dons naturels.

Cette organisation meilleure, c'est l'association pastorale, qui, si elle existe en quelques points des vallées pyrénéennes, n'y est qu'à l'état rudimentaire.

(1) Il n'y a d'exception que pour quelques centres à proximité de stations thermales ou d'exploitations industrielles (marbres, minerais).

La forme la plus parfaite de l'association pastorale est celle des *fruitières*, multipliées en Suisse, dans le Jura et en Lombardie.

On peut considérer leur effet dans les Pyrénées soit au point de vue de l'économie générale de la région, soit au point de vue spécial du progrès forestier.

L'action générale des fruitières s'exercera sur le mode de culture des champs inférieurs, sur la tenue du bétail, sur le régime des irrigations, sur la production de la viande de boucherie, etc., etc.

Elle se résumera dans la mise en vente du lait de vache. Un seul chiffre dit son importance :

Dans le Doubs et le Jura, la production annuelle d'une industrie fromagère perfectionnée s'élève à *quatorze millions* de francs. Les six départements pyrénéens, beaucoup plus riches en pâturages que le Jura, n'exportent hors de la région ni fromage spécial, ni beurre.

En appliquant à la quantité de lait qu'ils fournissent (statistique officielle publiée en 1858) le prix de rendement, par litre, dans les fruitières, on trouvera place, dans la zone montagneuse du Sud-Ouest, pour une création de valeur vénale de *vingt millions* environ. Il n'est pas, dans ce chiffre, tenu compte des améliorations multiples à réaliser à court délai.

Pour apprécier l'influence que la création des fruitières peut avoir sur l'économie forestière, il y a lieu d'examiner : 1° le régime pastoral actuel ; 2° les résultats acquis par des expériences faites depuis 1867 ; 3° les moyens de propagation des associations.

Régime pastoral. — Dans la portion occidentale de la chaîne, le mouton domine (Basses-Pyrénées, pays basque, vallées du Saison, d'Aspe, d'Ossau). L'élevage de la vache l'emporte au contraire de beaucoup dans les Pyrénées centrales (Hautes-Pyrénées, Ariége, Haute-Garonne). Le mouton reparait en plus grand nombre dans la zone méditerranéenne, sans être toutefois dominant.

Il est à remarquer que c'est surtout dans les vallées à moutons que l'émigration est en faveur : les habitudes des pasteurs y sont plus nomades.

La vache est, dans les Pyrénées, l'animal domestique le plus utile. Même dans les vallées à moutons, chaque ménage possède une vache au moins, pour subvenir à l'alimentation quotidienne de la famille. Les veaux sont vendus pour la boucherie ; les génisses sont presque toutes conservées.

Le régime pastoral des vallées à vaches comporte, dans l'année, trois périodes distinctes :

1° La stabulation complète ; durant le gros hiver le bétail est nourri dans l'intérieur des granges avec les fourrages récoltés ;

2° La semi-stabulation ; au printemps et à l'automne, les vaches demandent leur entretien à la vaine pâture et surtout au parcours des forêts. Cette période est actuellement la plus longue ; elle dure près de six mois ; c'est alors que se commettent les principaux délits de pâturage. C'est pour cette saison que les pasteurs réclament, avec le plus d'insistance, la liberté du parcours en forêt ;

3° La période des hautes pâtures, de trois mois environ, durant laquelle les vaches errent en troupes nombreuses sur les montagnes communales, sous la garde illusoire de quelques pâtres, souvent des enfants !

Suivant la position relative des pâturages et des forêts, le bétail fait dans les quartiers boisés des invasions plus ou moins répétées ; mais ces délits ne sont, en général qu'accidentels ; un garde suffisamment actif les préviendrait.

L'utilisation du lait (dont la production est relativement très-faible, faute de soins) est à peu près complète durant la stabulation, à raison des besoins du ménage ; elle est imparfaite dans la saison de semi-stabulation, et souvent nulle dans les hautes pâtures, où *parfois l'on jette le lait dans les ruisseaux*.

C'est la deuxième période, celle de semi-stabulation, qui est la plus antiforestière. En restreindre la durée, la supprimer, s'il est possible, amener dans les pâtures une meilleure surveillance du bétail : tels sont les vœux des forestiers locaux, en ce qui concerne les vaches.

Quant aux moutons, on les distingue en *transhumants* et *hibernants*. Les premiers, les plus nombreux, arrivent de la plaine au printemps ; ils séjournent quelque temps dans les pentes inférieures, surtout les pentes sud, les premières débarrassées de neige ; ils atteignent les hautes pâtures communales vers le mois de juin.

Leur passage est très-nuisible aux pâturages inférieurs accessibles à la vache ; leur action est, sur une échelle moindre, celle de la transhumance alpine. A la fin de l'été, ces troupeaux regagnent la plaine.

Quant aux moutons hibernants, ils sont conduits en même temps que les autres dans les hautes pâtures, exercent la même influence nuisible, moins grave, vu leur infériorité numérique ; puis, quand l'automne les chasse des cimes, ils arrivent à proximité des villages, et là paissent soit en forêt, soit sur les champs dépouillés de leurs moissons.

La période de stabulation n'existe pour ainsi dire pas pour eux, elle n'est qu'accidentelle ; par les plus gros temps, on les voit souvent chercher leur pâture sous la neige.

Le lait de brebis que n'absorbent pas les agneaux est converti en mauvais fromage consommé sur place ; le produit principal consiste dans la laine et les agneaux.

Le désidératum des forestiers serait de restreindre les moutons, surtout transhumants, dans une forte proportion ; les hibernants sont utiles par l'engrais qu'ils laissent dans leurs parcs ; mais les transhumants sont, pour les pasteurs aisés, un objet de spéculation dont ils profitent, grâce aux propriétés communales, au détriment des petits propriétaires.

En résumé, des progrès évidents pour les intérêts forestiers seraient : la substitution, à la brebis, de la bête bovine, partout où celle-ci pourrait atteindre, la restriction ou la suppression complète de la période de semi-stabulation ; une surveillance plus active dans les hautes pâtures.

La vache produisant, à nourriture égale, par les fruitières, deux fois plus environ que le mouton, la substitution indiquée servirait l'intérêt pastoral en même temps que l'intérêt forestier.

Or l'administration forestière, pour lutter contre les tendances envahissantes des pasteurs, n'a d'autres moyens que les mises en défens d'abord, mesure préventive ; les procès-verbaux de pâturage, mesure de répression.

Dans l'état actuel des choses, ces moyens sont insuffisants. L'administration peut-elle répondre de défendre les forêts existantes contre des assauts tous les jours renouvelés ? Oui, quoiqu'à grand'peine ; mais ce n'est qu'assurer le maintien du *statu quo*; quant à des progrès sensibles, acquis une fois pour toutes, proportionnés aux efforts du corps forestier, il serait téméraire de les attendre du régime actuel, en présence de l'âpreté de revendication de leurs prétendus droits chez les pasteurs, des vicissitudes infligées aux défens par suite des influences locales.

On peut dire des forestiers des Pyrénées qu'ils appliquent aujourd'hui un régime de temporisation.

Des considérations qui précèdent on est en droit de conclure qu'il n'y a de progrès sérieux à espérer pour la situation forestière que dans une révolution pastorale, et que celle-ci doit avoir pour base *la mise en valeur du lait de vache*, car c'est seulement lorsqu'il trouvera un débit avantageux que le paysan des vallées s'adonnera à la production du laitage dont l'abondance et la qualité sont en proportion des soins que reçoit l'animal producteur. De là une série de réformes, les unes rapides, les autres progressives, les unes dans un intérêt économique général (il n'y pas lieu de les énumérer ici), les autres dans un intérêt forestier spécial.

Mais dans la pratique, comment donner de la valeur au lait en des points éloignés de tout centre de consommation, au milieu de populations ignorantes et défiantes attachées à leurs errements par une routine séculaire? La solution de la question devait être naturellement cherchée dans l'étude des contrées analogues aux Pyrénées, forestières et pastorales comme elles.

Le Jura et la Suisse ont depuis longtemps adopté le mécanisme ingénieux et simple des *Fruitières*, c'est là que nous avons cherché nos modèles. Après mûr examen, il nous a paru que *mieux encore* que ces deux régions, les Pyrénées pouvaient tirer parti des associations pastorales ; car leur constitution physique et géologique leur assure des avantages que ne possèdent pas le Jura et la Suisse.

C'est particulièrement dans les rapports des forestiers et des pasteurs que ces avantages apparaissent.

Le Jura, d'une altitude moyenne de 1 200 mètres, voit lutter sur le même terrain pâturage et forêts ; dans les Pyrénées, les deux zones s'étagent, l'altitude moyenne étant de 2 000 mètres. De plus que les Alpes, d'origine relativement récente, les Pyrénées possèdent, par leurs terrains primaires et granitiques, de la fixité dans les sols en pentes, d'où une facilité plus grande de reboisement et de regazonnement.

Il est donc rationnel de penser que les bienfaits des associations pastorales ne seront pas moindres dans la région sud-ouest qu'à l'est de la France, aussi bien pour les pasteurs que pour les forestiers.

Dans les hautes vallées, toute association devra organiser une *fruitière d'hiver*, qui fonctionnera pendant les périodes de stabulation et de demi-stabulation, et un *chalet d'été* pour la saison des hautes pâtures.

Outre les effets généraux communs, chacune des stations aura une action plus directe sur la période pastorale correspondante.

Ainsi la fruitière d'hiver amènera la diminution progressive de la *semi-stabulation*, tandis que le chalet d'été obligera les propriétaires de bestiaux à instituer des pasteurs en nombre suffisant.

Le tableau ci-après résume la série des progrès à réaliser : ils sont de deux sortes : *directs* ou *indirects* ; ils se subdivisent en *immédiats* et *consécutifs*.

EFFETS DIRECTS DES FRUITIÈRES SUR LES INTÉRÊTS FORESTIERS.

I. IMMÉDIATS.

1° Affectation d'un pâtre à la garde et au soin de chaque groupe de vingt têtes de bêtes à cornes ;

2° Réduction du nombre de vaches à une proportion telle que la production en fourrages récoltés suffise à l'entretien d'hiver ;

3° Dépréciation, aux yeux des pasteurs, du parcours en forêt pour deux motifs : l'herbe crue sous bois est peu nutritive ; elle fait végéter l'animal qui s'en nourrit, et le prédispose souvent à des maladies inflammatoires ; elle lui donne peu de lait. En second lieu, la nécessité d'apporter, deux fois par jour, la traite au chalet est un obstacle matériel à la dispersion du bétail, au delà d'un rayon restreint ;

4° Tendance inévitable à la stabulation complète dans les vallées, aux dépens de la semi-stabulation dont la forêt faisait les frais.

Actuellement il y a, tout au plus, dans les pâtures communales, un pâtre pour deux cents têtes.

Le nombre de bêtes à cornes est exagéré eu égard aux ressources pour l'hiver ; il en résulte que souvent des étables entières périssent dans la mauvaise saison. Le pâturage en forêt est l'unique ressource. Si mauvais qu'il soit, il faut bien y recourir. Peu importe la qualité du lait et sa quantité, puisque ce produit n'a pas de valeur vénale.

Il n'est pas, dans les hautes vallées, un seul pasteur qui soit en mesure de supprimer la semi-stabulation.

II. CONSÉCUTIFS.

Substitution progressive de la vache à la brebis, partout où la première pourra atteindre ;

Par suite, abandon aux forestiers, en vue du reboisement ou du regazonnement, de nombreuses pentes sud qui sont aujourd'hui le domaine exclusif du mouton.

Cette question de la restauration des pentes sud est de la plus haute importance, le nombre en croissant tous les jours.

EFFETS INDIRECTS DES FRUITIÈRES SUR LES INTÉRÊTS FORESTIERS.

I. IMMÉDIATS.

1° Influence morale acquise par les forestiers, auxquels les vallées devront un progrès de premier ordre.

D'où service plus facile, par la confiance réciproque.

2° Les associations étant représentées par des comités électifs, composés des associés les plus honorables et les plus intelligents, facilités plus grandes dans les rapports des forestiers avec les populations.

II. CONSÉCUTIFS.

Quand la solidarité des intérêts forestiers et pastoraux sera reconnue, le moment sera venu de soumettre au régime conservateur tous les biens communaux en montagnes, forêts ou pâturages, en vue d'un aménagement d'ensemble. Cette mesure soulèverait une opposition invincible dans les Pyrénées, si elle était présentée actuellement, mais elle sera acceptée lorsqu'un changement dans l'économie pastorale l'aura rendue possible.

Après avoir indiqué les avantages que procurera l'établissement des *Fruitières*, il nous reste à faire connaître les résultats obtenus par les deux associations de cette nature, organisées à titre d'essai. La première association pastorale des Pyrénées a été fondée en 1867 aux Quatre-Véziaux, dans la vallée d'Aure. Elle a installé son *chalet d'hiver*, qui fonctionne depuis trois ans avec des progrès continus. Le chalet d'été, dans les hautes pâtures communales, n'a pu être encore construit, faute de ressources pécuniaires.

L'expérience de la vallée d'Aure, en dehors même de ses résultats industriels, présente un intérêt spécial d'ordre plus élevé; elle constitue, en effet, la première tentative de coopération complète dans un milieu qui, s'il est admirablement préparé par la nature, n'offre que des populations en majorité hostiles à toute idée de solidarité.

Au point de vue de l'esprit des pasteurs, le terrain n'était pas meilleur dans le bassin de la Neste que dans toute autre partie de la chaîne. On y trouvait les difficultés morales, signalées au début de ce chapitre, comme les premières barrières dressées devant l'idée d'association. Toutefois, pour aider à les surmonter, il était permis de fonder quelque espoir sur un élément local : l'extrême finesse naturelle des Aurois, proverbiale dans la région ; il est juste de dire que cette attente ne fut pas déçue; les premiers pas furent franchis avec une facilité relative, grâce au concours actif d'un noyau d'hommes intelligents et dévoués à leur pays.

Dans une série de réunions, la méfiance des pasteurs fut dissipée, leur force d'inertie battue en brèche, et un nombre important d'adhésions recueilli pour une association pastorale. On adopta les statuts des fruitières coopératives de l'Est.

Les fonds nécessaires à une installation provisoire furent généreusement votés par le syndicat des Quatre-Véziaux; un fruitier, engagé dans le Jura, se chargea de l'achat du matériel, que le pays n'aurait pu fournir.

Ainsi furent surmontées les difficultés matérielles de l'installation ; le chalet ouvert, il s'agissait de lutter contre les causes fondamentales de résistance provenant de l'ancienne organisation des cultures et de l'étable.

C'est ici qu'apparaît l'influence fâcheuse du système de l'élevage exclusivement admis jusqu'alors. Le groupe des communes dans lesquelles se recrutaient les fournisseurs de lait possédait un nombre de vaches dix fois plus considérable que ne le comporte l'entretien d'une fruitière dans le Jura ou dans la Suisse. Et cependant, malgré la bonne volonté incontestable des sociétaires, la matière première faisait défaut ; il eût fallu 300 litres par jour, pour réduire les frais généraux à leur juste proportion ; le chiffre de 200 litres n'était pas toujours atteint.

C'est que l'exploitation pastorale, depuis des siècles, n'avait pour objet que la production du veau, et qu'en pareil cas, on l'a déjà vu, l'abondance du lait devient secondaire.

En outre, dans la vallée de la Neste, la race bovine, mal soignée, ne présente pas les qualités lactifères qu'elle est susceptible d'acquérir ; à nourriture égale, elle donne en moyenne une production moitié moindre que celle de la race de Lourdes ; il est vrai qu'elle est plus rustique.

Enfin — et ceci est une difficulté à peu près spéciale au pays d'Aure — l'élève des mules détourne de l'étable des bêtes bovines une notable proportion des fourrages. Les animaux, achetés dans les centres de production mulassière, sont conservés pendant un an, puis vendus aux Espagnols vers le mois de juin. Les principaux propriétaires tiennent à honneur d'introduire, chaque année, dans leur écurie, le nombre de mules que la tradition assigne au commerce de leur maison. Quel a été pour eux, dans la période des dix dernières années, le bénéfice de cette spéculation ? Que sera-t-il dans l'avenir, par suite de la facilité qu'offre aux Espagnols la création des chemins de fer pour opérer leurs achats aux lieux de production ? — La réponse à ces deux questions n'est douteuse pour personne dans la vallée ; elle permet de prédire à courte échéance l'abandon du commerce des mules.

Ces diverses causes de dépression de la production laitière disparaîtront peu à peu ; mais, pour la première association, elles ont pesé d'un poids très-lourd sur les débuts.

Néanmoins la situation est allée s'améliorant de 1867, date de la fondation de la fruitière, jusqu'en 1870. On peut en juger par les chiffres du tableau suivant, extraits du Rapport de la commission d'agriculture au Conseil général des Hautes-Pyrénées (compte rendu de la session d'octobre 1871, p. 227). Ces chiffres ont été fournis par M. Chalaud, garde général des forêts à Arreau, qui a bien voulu, en 1869 et 1870, prêter aux associés un concours précieux.

Années.	Quantité de lait.	Fromage de gruyère vendu.	Fromage de Breuil (2ᵉ qualité).	Beurre.	Petit lait.
1867-68	17 752 kil.	1 605 kil.	» kil.	» kil.	Donné aux indigents.
1868-69	18 193	1 787	179	90	
1869-70	20 731	1 561 (1)	228	178	

Tels sont, au point de vue des quantités, les résultats de l'expérience

(1) Le chiffre de 1 561 kilogrammes s'explique par la dessiccation accidentelle due aux causes indiquées ci-après.

faite à Ancizan... En 1870, le prix du gruyère a été de 1 fr. 40 le kilogramme, c'est-à-dire le taux du Jura. Le beurre, de qualité supérieure, a été livré à l'un des premiers hôtels de Pau au prix de 2 fr. 50 le kilogramme pris en gare à Lannemezan.

Ce n'est point ici le lieu, dans une étude d'ensemble, d'exposer les mille difficultés de détail — au travers desquelles, durant trois hivers (1), l'association initiale est parvenue à se frayer un passage.

Les produits, médiocres d'abord à cause des soins insuffisants donnés à l'apport du lait par les propriétaires, étaient, en 1869-70, de bonne qualité; ils avaient trouvé des débouchés avantageux, aux prix du Jura, quand éclata la guerre.

La liquidation de la dernière campagne d'hiver se ressentit de la perturbation des affaires. Les acheteurs réclamèrent des délais successifs pour la livraison et pour le payement. Les fromages de gruyère, par un séjour trop prolongé dans une cave provisoire, subirent une perte de poids considérable (*un sixième* environ), qui réduisit d'autant le rendement. On était en droit de compter, malgré l'insuffisance de l'apport quotidien déjà signalé, sur le prix net de 0 fr. 135 par litre; on n'atteignait que 0 fr. 105. — En outre, le fruitier dut se rendre dans l'Est, à l'appel de sa famille menacée par l'invasion.

La marche de la fruitière fut suspendue. A l'automne de 1871, le promoteur de l'association se proposait de renouer les liens relâchés par les événements de 1870; mais les circonstances l'ont amené à retarder l'exécution de ce projet, pour consacrer tous ses soins à la formation de centres nouveaux en des points mieux pourvus de lait.

A côté de l'expérience d'hiver des Quatre-Véziaux, se place un essai de fruitière d'été, réalisé dans les pâturages de la petite commune d'Aulon.

Dans l'été de 1868, un chalet provisoire a été installé dans les pâturages communaux d'Aulon, sur les flancs du pic d'Arbizan.

Le défaut de ressources a encore empêché ici un établissement définitif. Les habitants, très-pauvres, n'avaient pas les ressources nécessaires à l'achat d'un matériel (500 fr.) et à la construction d'un chalet. Ils empruntèrent à l'association des Quatre-Véziaux, pendant le chômage d'été, son fruitier et son matériel; la fabrication se fit dans un hangar pour la construction duquel chaque pasteur avait apporté quelques planches. — Cet essai, quoique rudimentaire, a permis cependant au fruitier de constater la supériorité du lait de la saison des hautes pâtures sur celui de la période de stabulation. Malgré l'insuffisance notoire de l'installation, la pâte du gruyère sortait de la chaudière en parfait état; mais le défaut de cave interdisait de songer à faire subir au fromage la fermentation, graduée pendant trois mois, qui le rend propre au commerce.

Les habitants tranchèrent la difficulté en se partageant les produits en

(1) C'est, en effet, une fruitière d'hiver qui a été fondée à Ancizan. Dans cette saison, le bétail est concentré dans les communes; il se disperse en été dans les magnifiques pâturages des Quatre-Véziaux, sur les flancs du pic d'Arbizon; c'est là surtout qu'est marquée la place d'une fruitière féconde.

nature, proportionnellement à leurs apports de lait ; chaque ménage réserva aux besoins de sa consommation directe le lot qui lui était échu.

Depuis cette époque, les pasteurs les plus intelligents d'Aulon, en plusieurs circonstances, ont manifesté le désir de voir une fruitière définitive s'installer chez eux. Ce vœu ne saurait être réalisé qu'à l'aide d'une première mise de fonds de 4000 francs environ. Si modeste que soit cette somme, la commune d'Aulon n'en dispose pas ; elle est, à cet égard, dans la situation de la plupart des centres de la haute montagne, ceux-là mêmes qui sont le plus producteurs de lait.

De la sorte, les associations pastorales dans les Pyrénées voient leurs premiers pas écartés des points qui leur offriraient le terrain le meilleur ; elles sont fatalement condamnées à faire leurs preuves dans les stations inférieures, où la matière première est moins abondante, mais où la population, plus condensée, présente quelques ressources pécuniaires.

Dans cette période de stage, qui se prolongera plusieurs années encore, il importe donc de choisir, avec le soin le plus scrupuleux, les points d'expérience ; chaque vallée doit être le siège d'un essai spécial ; et pour le tenter, on devra s'arrêter au centre qui présentera l'ensemble le plus complet des conditions matérielles et morales favorables à la fruitière.

Les résultats connus de la vallée d'Aure ont provoqué en divers points le désir de suivre son exemple ; il suffira d'une impulsion légère pour donner l'élan aux associations pastorales dans les vallées de Luz, Cauterets, Argelès (Hautes-Pyrénées), dans les vallées du Saison, d'Aspe et surtout d'Ossau (Basses-Pyrénées).

De ce qui a été dit sur l'isolement des hautes vallées, on peut conclure que le mouvement en faveur des fruitières devra être provoqué sur place de manière à entraîner la création d'un centre au moins par vallée. Cela fait, la contagion de l'exemple sera rapide.

Les moyens à mettre en action comprennent l'influence sur les pasteurs, au point de vue de la confiance à leur donner, et la constitution du fonds nécessaire à l'installation des châlets qui, pour chaque centre, peut varier de 2000 à 4000 francs, le bois non compris.

Résumé de la situation des Associations pastorales des Pyrénées en octobre 1874.

Depuis 1870, date de la rédaction des notes qui précèdent, il a été fondé, dans les hautes vallées, avec le concours de l'État, des départements et des communes, les fruitières ci-après indiquées :

CENTRES D'HIVER.

Associations coopératives. — Bielle (vallée d'Ossau, Basses-Pyrénées); Asson (vallée du Louzon, Basses-Pyrénées); Juncalas-Gazoet (vallée de Castelloubon, Hautes-Pyrénées); Ger (vallée du Lavedan, Hautes-Pyrénées); Boussenac (vallée du Salat, Ariége.)

Spéculation privée. — Cauterets (Hautes-Pyrénées).

CENTRE D'ÉTÉ.

Luchon (Haute-Garonne).

Cinq projets importants de centres d'été, avec périmètres facultatifs ou obligatoires de gazonnement (loi du 8 juin 1864), sont étudiés et à la veille d'être réalisés, sur les points suivants :

Eaux-Bonnes (Basses-Pyrénées); Baréges (Hautes-Pyrénées); Quatre-Véziaux (Hautes-Pyrénées); Aulon (Hautes-Pyrénées); La Barguillière (Ariége).

Quant au périmètre de Luchon, les officiers forestiers du service du regazonnement en préparent l'extension, de concert avec les autorités locales.

La valeur acquise par le lait traité en fruitières varie de 13 à 15 centimes, l'hiver, et de 30 à 40 centimes dans les centres d'été, à portée des stations thermales. Les ressources antérieures sont au moins doublées, et parfois décuplées pour le lait existant. Mais la production se développe ; car les populations entrent dans la voie de l'amélioration des pâturages et des races de bêtes bovines. Quant aux divers effets prévus dans ce travail : mise en valeur des hautes pâtures, dépréciation des mauvais parcours en forêt au profit de la stabulation, etc., etc., ils sont déjà très-appréciables sur les points indiqués.

A. C.

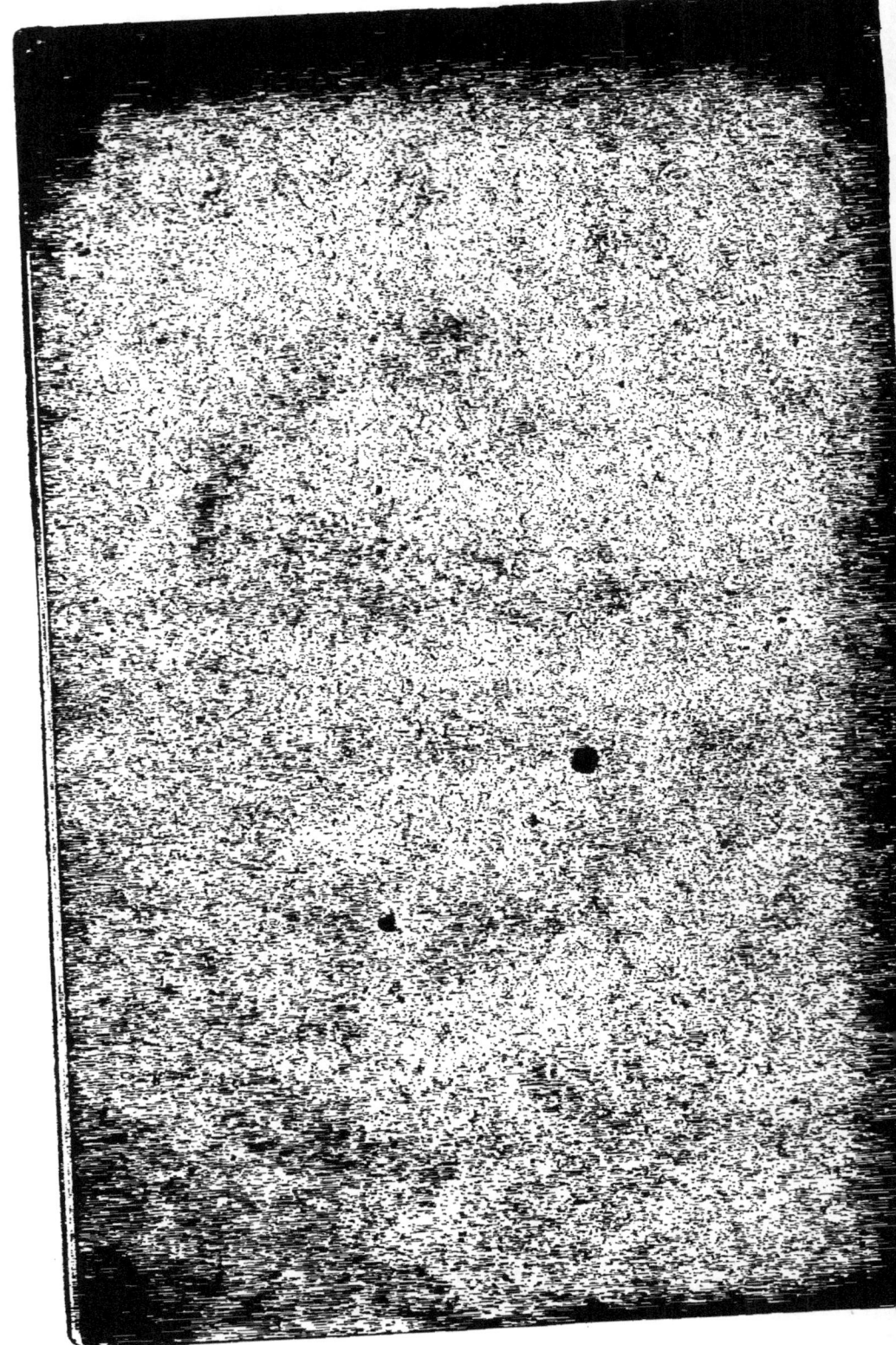

www.ingramcontent.com/pod-product-compliance
Lightning Source LLC
Chambersburg PA
CBHW071432060426
42450CB00009BA/2142